AF346432

PANÉGYRIQUE

DU BIENHEUREUX

JEAN-BAPTISTE DE LA SALLE

PRONONCÉ A MONTPELLIER EN L'ÉGLISE SAINT-MATTHIEU

PAR M. L'ABBÉ MOLLE

Aumônier de l'Hospice, à Lodève

LE 28 AVRIL 1888

MONTPELLIER

IMPRIMERIE GROLLIER ET FILS, BOULEVARD DU PEYROU

—

1888

PANÉGYRIQUE

DU BIENHEUREUX

JEAN-BAPTISTE DE LA SALLE

PRONONCÉ A MONTPELLIER EN L'ÉGLISE SAINT-MATTHIEU

Par M. l'Abbé MOLLE

Aumônier de l'Hospice, à Lodève

LE 28 AVRIL 1888

MONTPELLIER

IMPRIMERIE GROLLIER ET FILS, BOULEVARD DU PEYROU

1888

PANÉGYRIQUE

DU BIENHEUREUX

JEAN-BAPTISTE DE LA SALLE

> *Qui ad justitiam erudiunt multos, fulgebunt quasi stellæ in perpetuas æternitates.*
>
> Ceux qui auront instruit leurs frères dans la voie de la justice, brilleront comme des étoiles dans l'éternité.
>
> (Daniel. XII, 3.)

Mes Frères,

L'éternité sera magnifique à l'égard de tous les élus, elle les comblera d'ineffables délices. Mais, il est dans le ciel *des demeures multiples;* il est aussi des situations privilégiées et des places de choix. Ces places, ces situations seront, d'après le Prophète, l'apanage de ces âmes d'élite, qui, partageant le rôle de Jésus lumière du monde, auront éclairé d'autres âmes et les auront guidées dans les voies de la sainteté. Si les ouvriers de scandale doivent subir une réprobation plus rigoureuse, n'est-il pas juste que les ouvriers d'édification et surtout les patriarches de la doctrine sacrée reçoivent de leur côté une gloire plus éclatante? La théologie met sur leur front une auréole spéciale, et le Prophète les compare à ces points radieux du firmament d'où la lumière jaillit pour éclairer le monde : *fulgebunt quasi stellæ :* admirable symbole de leur influence ici-bas !

Mais l'éternité n'a point à l'égard de ces héros le monopole de la gratitude. L'histoire, cette fille du temps dont les jugements sont le prélude de ceux de l'éternité, professe à leur égard aussi de légitimes préférences. Elle vante plus complaisamment leur rôle pacifique, célèbre plus volontiers leur paisible influence, et quand les agitations de la vie sont tombées, quand les conflits des intérêts s'apaisent, elle va les relever de leur sépulcre où ils gisent, pour ainsi dire, ensevelis dans l'amertume, et souvent doit les venger, par une glorification posthume, du mépris ou de l'injustice de leurs contemporains.

Enfin, entre l'histoire et l'éternité, entre la terre et le ciel, prend place un autre domaine, domaine plus vivant, domaine plus présent, domaine édifiant par excellence : je veux dire la Liturgie sacrée. Fille de l'éternité par la foi qui l'inspire et fille du temps par le champ de son action : écho des jugements de Dieu révélés par la voix des miracles, écho des jugements des hommes et fruit de leurs souvenirs, la Liturgie sacrée ménage à ces héros de splendides triomphes. Elle peint leur image sur la toile, burine leurs traits sur le marbre ou le métal, érige en leur honneur des temples, exhale ses hymnes, son encens, et organise enfin ces pompes magnifiques qui sont un avant-goût, un écho des pompes même du ciel. Mais où éclatent surtout son admiration et sa louange, c'est quand elle inaugure la gloire d'un nouveau saint, quand elle salue au firmament de la sainteté chrétienne l'apparition d'un astre nouveau : car, M. F., ce firmament s'enrichit tous les jours, nos temples se peuplent de nouveaux hôtes, nos autels reçoivent de nouveaux saints. — Le moment où je parle ne marque-t-il pas un de ces mouvements religieux que je signale ?..... Oui, un événement considérable s'est produit dans le monde chrétien. Une grande voix s'est fait entendre, la voix de celui qui veille au Vatican. Celui dont le blason porte en exergue ces paroles justifiées autant que symboliques : *Lumen in cælo,* a signalé l'apparition d'un nouvel astre : *fulgebunt quasi stellæ.* — Mais quel est donc cet astre qui se lève à l'orient de l'Église ? Quel est ce nouveau satellite du Christ lumière du monde ? Quel est ce saint ? Est-il besoin de le nommer, M. F. ? Son nom n'est-il pas déjà sur vos lèvres et son amour dans le plus intime de votre cœur ? Sa mémoire austère et majestueuse ne plane-t-elle pas sur cet auditoire ? N'avons-nous pas sous nos yeux un verdoyant rameau de sa postérité ? Admirons comment la Liturgie sacrée suit pas à pas les évolutions de l'histoire. Après l'exaltation de l'enseignement supérieur chrétien dans la personne des Anselme et des Thomas d'Aquin ; après l'enseignement secondaire glorifié dans Ignace de Loyola, l'Église arrive enfin à cette sympathique personnalité qui nous occupe, à celui qui personnifie par excellence le dévouement de son enseignement primaire.

O bienheureux de La Salle, il nous est enfin donné de vous célébrer aujourd'hui. Apparaissez donc à cet auditoire et laissez-nous vous contempler pour la première fois dans toute la fraîcheur de votre auréole, dans ce parfum de nouveauté qu'exhale votre culte, avec tout l'intérêt qu'inspire cette demi obscurité dans laquelle pour nous votre mémoire était plongée, et avec toute l'opportunité de votre récente glorification. Trève et pour toujours à ces longues douleurs, à ces croix si pressées qui hérissèrent votre route, à ces humiliations si persistantes, à ces déboires universels. *Voici le jour de la moisson ;* l'heure de l'exaltation et du triomphe. *Venient cum exultatione.* O bienfaiteur de l'humanité, étalez votre sincère dévouement aux yeux de cette génération si emphatiquement et si perfidement humanitaire. Abraham de la nouvelle loi, présentez au monde votre innombrable postérité, et, comme le fit jadis le diacre Laurent sur l'ordre du proconsul, montrez-lui vos richesses, c'est-à-dire les phalanges immenses de ces pauvres enfants que vous avez formés pour le Christ.

La vie du B. de La Salle ou plutôt son action religieuse m'apparaît sous trois aspects qui la résument et offrent une frappante ressemblance avec l'œuvre-mère du divin Sauveur. — Jésus, Verbe de Dieu, a quitté la vie sereine et béatifique des cieux pour descendre au niveau des disciples. — Ainsi humilié, il a procédé à leur formation. — Enfin, en eux et par eux il a répandu dans le monde les bienfaits de la rédemption, à travers mille obstacles dont triompha la seule vertu de Dieu. — M. F., dans la sphère secondaire et spéciale où la Providence l'a placé et autant que l'exiguité d'une situation humaine le comporte, le B. de La Salle présente dans sa vie comme un reflet des traits généraux de la vie du Sauveur. Ecclésiastique de haute situation et de grand avenir, il est descendu au niveau d'humbles maîtres d'école et a voulu s'ensevelir dans leur société. — Après cette assimilation, il a procédé à leur formation avec un zèle séraphique. — Enfin, comme la grande œuvre chrétienne, son œuvre s'est répandue dans l'Eglise à travers mille difficultés et par la seule vertu de Dieu. — Telle est, M. F., la division de cet éloge que nous plaçons sous la protection de la Vierge Marie.

I

Dieu n'est pas resté à notre égard le Dieu vague et insaisissable des poètes, il n'est pas resté non plus l'hôte mystérieux et invisible du paradis terrestre ; pour gagner le cœur de l'homme et pour le sauver, il s'est revêtu de l'humanité, il en a adopté toutes les conditions, subi toutes les disgrâces ; et j'apprends de l'apôtre *qu'il a dû être assimilé aux hommes ses frères en tout, harmis le péché.* Prodigieuse condescendance, ineffable humilité, mais humilité nécessaire qui nous a valu un modèle et la grâce pour l'imiter, condescendance sublime, qui donne tant de charme à la personne de Jésus. La joie lui était proposée, il a choisi la souffrance : *proposito sibi gaudio sustinuit crucem.*

M. F., ces merveilles divines ont un reflet dans la première phase de cette vie que nous avons à célébrer. Ouvrons cette vie aux pages les plus fleuries, prenons-la aux brillantes heures de la jeunesse.

Vers l'an 1678, l'antique église de Reims, double berceau de la France catholique et de la royauté chrétienne, compte parmi ses enfants un jeune prêtre de vingt-neuf ans. Déjà et depuis l'âge de quinze ans, cet ecclésiastique occupe à la cathédrale la stalle du chanoine et chancelier Dozet, son parent. Héritier d'un nom célèbre et vénéré dans le pays, possesseur d'une belle fortune, orné de toutes les grâces de la nature, de tous les dons du cœur, il est encore doué d'une piété séraphique qui, au saint autel, rayonne de son visage et à laquelle il joint ainsi le prestige du savoir : car bientôt il aura parcouru l'échelle complète des grades et il va ceindre avec éclat les insignes du docteur. Il est, on peut l'affirmer, la perle du Chapitre de Reims, l'espoir de l'église, l'orgueil de sa famille. La vie s'ouvre devant lui dans de larges et brillantes perspectives. Que de rêves de gloire, quel édifice fantastique de bonheur, un père et une mère, si une mort précoce ne les avait moissonnés déjà, eussent assis sur cette tête chérie et admirée !... Voyons ce que l'avenir va répondre à de telles promesses.

Nous sommes en 1684, six années sont à peine écoulées.... Quel est, dans cette humble maison de la paroisse St-Jacques, ce jeune moine si modeste et si appliqué ? Vêtu d'une robe noire et d'étoffe commune, portant sur cette robe un manteau de même couleur, entouré de petits enfants pauvres, il les instruit à la lecture, à l'écriture, au calcul, à la récitation du catéchisme ; et quand le dimanche est venu, il les conduit pieusement à la messe avec une parfaite assiduité. D'autres moines sont avec lui occupés au même office ; lui, partage intégralement leur vie et n'est distingué des autres que par un air de noblesse qui proteste timidement contre ces obscures fonctions, et par la vénération discrète dont il paraît être l'objet. Cependant la ville entière s'est émue à la vue de ce spectacle, comme d'une chose étrange et inouïe. Mais voici bien davantage. La famine sévit en France, elle désole la Champagne. Des bandes de faméliques parcourent les rues de la cité... et lui aussi, partageant le sort de ces hideuses victimes, va, de porte en porte, quêtant un morceau de pain; et quand, après bien des rebuts, il l'a reçu d'une pauvre femme, « il le mange à genoux par reconnaissance et avec une joie qui ne se peut exprimer. » — Quel est donc cet étrange déchu ? Quel est ce mystérieux personnage ? Pourtant, dans la cité, chacun le désigne par son nom. Oui, c'est lui, autrefois l'homme distingué, lui, le brillant chanoine, le docteur...., c'est M. de La Salle ! Ciel ! quel étrange renversement de choses! Par quel accès d'inconstance la fortune l'a-t-elle ainsi réduit et renversé?... Oui, c'est lui..., inclinons-nous, M. F., à l'apparition de cette sublime infortune. Ah ! ne le prenez point, je vous prie, pour le rebut de la société, lui qui en est déjà l'arome. Ne voyez point en lui un déchu du sanctuaire, lui qui en est aujourd'hui la perle et demain en sera l'admiration. Ne plaignez point en cet homme une victime des passions humaines : il est victime des passions divines, victime de la seule charité ! Que s'est-il donc passé? Exposons les événements qui séparent ces deux dates.

Jusqu'au temps dont nous parlons, l'instruction gratuite des enfants pauvres est restée en souffrance. De belles initiatives se sont produites, telles que celle du pieux Gerson ; mais ce sont là des tentatives isolées et intermittentes, des associations locales et éphémères ; point d'effort collectif, universel et permanent. Cependant l'Esprit de Dieu a choisi son heure. Le P. Barré, célèbre minime, vient de fonder l'association des *Sœurs de l'Enfant Jésus*, et ces religieuses ont ouvert à Rouen, puis à Paris, des écoles pour les filles pauvres. Quant à l'œuvre parallèle et plus difficile des petits garçons, la tentative a été malheureuse : à peu près, elle a échoué. Établies à Rouen et à Paris, les filles du P. Barré désirent venir à Reims ; elles y fondent un couvent, y ouvrent une école sous la protection d'un ecclésiastique de distinction, M. le chanoine Rolan, qui est le théologal du Chapitre et aussi le directeur et l'ami du jeune de La Salle. Arrêté par la mort dès le début même de cette œuvre, M. Rolan en confie les destinées à son fervent et sympathique ami, et celui-ci en favorisera le développement, grâce à son crédit très efficace et à sa prudence consommée.

Ainsi le P. Barré et M. Rolan se partagent devant l'histoire l'honneur d'avoir été les initiateurs et comme les Bérulles de cet autre Vincent de Paul. — C'est alors qu'un laïque pieux et zélé, M. Nyel, arrive à Reims pour se consacrer à l'œuvre des écoles de garçons. Ce fut au couvent du Saint-Enfant Jésus que Dieu ménagea la rencontre de ces deux âmes : M. Nyel et M. de La Salle. Les difficultés de l'entreprise n'échappent point à la clairvoyance de ce dernier, et il en conçoit de vives alarmes. Afin d'abriter ce germe délicat que l'on va confier au sol de l'Église et de le défendre contre les attaques d'un public hostile et prévenu, le pieux chanoine offre à M. Nyel un asile dans sa propre maison et l'engage à ouvrir son école sous la protection d'un des curés de la ville. Ainsi, à la faveur d'une prudente obscurité, l'œuvre donne ses premiers fruits. Bientôt sur une autre paroisse s'ouvre une deuxième école, et M. de La Salle, exerçant une sorte de protectorat plein d'affabilité et de discrétion, veille sur cette végétation naissante : il visite les maîtres, les aide de sa bourse et de ses conseils. Cependant cette œuvre à peine naissante présente déjà des indices d'une fin prochaine : l'Esprit de Dieu ne l'a point visitée de ce secours spécial qui assure aux œuvres la durée; M. Nyel a grâce pour les écoliers, il n'a pas grâce pour diriger les maîtres. Le besoin se fait sentir d'une direction commune, de règlements sages et fermes, d'une sorte de lien de perfection, *vinculum perfectionis,* c'est le mot de saint Paul. C'est alors que, glissant insensiblement sur la pente de son affabilité et de son zèle, M. de La Salle s'introduit ou plutôt est introduit dans l'œuvre comme un ferment providentiel qui lui assurera l'immortalité.

Admirons ici, M. F., la suave et puissante main de la divine Providence. Elle mène souvent ses élus à un but sans le leur montrer ; elle fait travailler ses coopérateurs à une œuvre qu'elle a décrétée et qu'ils ne soupçonnent même pas. Les plus grands d'entre eux, les Benoit, les Dominique, les Vincent de Paul vont aveuglément dans leur carrière, marchant à leur insu, guidés d'étape en étape par cette Providence que Salvien appelait si bien le grand pilote de l'Univers ; et, quand l'œuvre est faite, on les entend s'écrier ingénûment, comme cette héroïque mère des Écritures : « *Nescio qualiter in utero meo apparuistis.* » Je ne sais, ô mes fils, comment vous avez été formés dans mon sein. Ainsi en va-t-il de M. de La Salle.

Contemplons-le, M. F., dans cette soumission inconsciente aux desseins de la Providence, et voyons-le accomplir d'abord l'œuvre de son abaissement glorieux : *debuit per omnia fratribus similari;* il va devenir semblable à ses frères. Les maîtres vont d'abord se fixer près de son hôtel.... puis ils y entrent pour le repas.... ensuite ils s'installent chez lui à demeure complète.... enfin M. de La Salle sort de sa maison et va chercher au dehors une demeure plus propice. C'en est fait, cette âme a pris son essor ! Il se dépouille de son canonicat, non pas en faveur de son frère ; les saints sont de vaillants sacrificateurs, leur holocauste ne souffre point de rapine, leur générosité n'est point ternie de l'ombre même d'une réserve ; mais en faveur d'un prêtre qui est presque un inconnu pour lui. Déjà même, comme les Antoine et les François d'Assise, il médite le projet de donner tous ses biens aux pauvres. Cependant l'orage gronde au dehors ; sa famille s'indigne et lui enlève la tutelle de ses frères selon la nature ; le Chapitre de Reims se déclare profondément blessé ; Mgr l'Archevêque se dérobe à ses instances pour s'épargner à la fois et la peine d'accepter et celle de refuser sa résignation. Mais lui, héroïque, intrépide, marche à pas redoublés dans la voie du sacrifice. Il prend l'habit des Frères, adopte leur régime, s'assied à leur table, lui jusque-là si délicat ; à cette table moins que frugale où l'attendent des répugnances sur lesquelles je ne puis insister ; à cette table qui est pour lui tous les jours, selon le mot de saint Bernard, l'occasion d'un vrai supplice : *tanquam ad tormentum*. Vienne enfin la famine, elle consommera l'holocauste en donnant à notre héros, dans le soulagement d'affreuses misères, l'occasion d'un absolu dépouillement. Tout à l'heure, M. F., émus, étonnés, ensemble nous avons salué ce dépouillé sublime et ce mendiant glorieux. Ah! il aura grâce désormais pour exhorter ses frères, pour leur prêcher l'abnégation, pour les presser de s'endormir sous l'aile de la Providence : la grâce d'un modèle, l'autorité d'un héros. Aussi bien l'héroïsme de cette abnégation suscita chez les disciples une admiration profonde, je dirai plus, un dévouement à toute épreuve. Plus tard, quand l'homme ennemi s'agitera; quand, en haut lieu, on exigera qu'il quitte sa place patriarchale, tous les Frères s'écrieront : Plutôt la mort de l'Institut que la destitution de notre père ! — Cri universel, cri spontané, cri inspiré par la plus légitime reconnaissance, car de La Salle s'est rendu semblable à ses Frères ; pour eux, il a sacrifié sa vie paisible et fortunée ; la joie lui étant proposée, il a préféré la souffrance : *proposito sibi gaudio, sustinuit crucem.*

II.

Abordons maintenant la deuxième phase, le deuxième aspect de cette grande vie. Suivons notre Bienheureux formant ses disciples et portant leur âme vers cet idéal qu'il a reçu de Dieu : *inspice et fac secundum exemplar quod tibi in monte monstratum est.*

Hôte assidu du tombeau de St Remi patron de la France, pèlerin du sanctuaire de N.-D. de Liesse, notre Saint a conçu dans ces pieux sanctuaires l'idéal du maître chrétien. Cette conception d'abord vague, indécise, mais tous les jours plus précise, plus nette et mieux définie, a plané sur son âme aux heures de la prière : il va travailler à la réaliser, avec une ardeur invincible, une indomptable obstination, élaguant impitoyablement tout ce qui tendrait à la fausser. Ainsi, il se met à l'œuvre, d'abord à Reims, sa ville natale ; puis à Paris : au noviciat de Vaugirard, à la maison de N.-D. des Dix Vertus, au faubourg Saint-Antoine ; enfin, à St-Yon, près Rouen ; en un mot, partout où la Providence le mène ; partout où la persécution, la famine, les malheurs publics l'appellent; partout où les besoins de l'enfance le retiennent.

Est-il, M. F., un état plus beau, plus délicat, plus intéressant que celui de l'enfance ? A l'aspect de l'enfant, l'homme bien né est saisi d'une respectueuse tendresse. Sa naïve humilité flatte et désarme l'orgueil natif du cœur humain, sa candide indigence provoque le bienfait. L'enfant est beau comme l'espérance; son cœur est le sanctuaire immaculé où le souffle des passions encore n'a rien terni. L'antiquité a sur lui son oracle, elle qui pourtant le confiait à des esclaves : *Maxima debetur pueris reverentia*, a dit Juvenal : le plus grand respect est dû aux enfants. Mais le Christ lui aussi, lui surtout, l'a considéré : et découvrant en lui comme un souvenir vivant de cet état de l'homme aux heures sereines de son innocence, il l'a béni, il l'a comblé de ses caresses, il a révélé ses protecteurs *devant la face de son père*, il a tonné contre ses profanateurs, il a accepté ses *Hosanna* aux heures fugitives de son triomphe. Divin agriculteur, il voyait dans l'enfant un germe plein d'espérance : architecte prudent et avisé, il avait là une pierre d'assise ; roi des anges, il considérait sous ces enveloppes charnelles comme le dépôt terrestre de l'armée des célestes esprits. Or, Mes Frères, l'esprit du Christ à l'égard de l'enfance pénétra l'âme de M. de La Salle comme un rayon ardent et lumineux. Organe prédestiné de tendresses divines, *vase d'élection* à l'égard de cet âge si intéressant et si beau, notre héros a voulu constituer des gardiens pour ces sanctuaires, des anges visibles dignes auxiliaires des anges invisibles qui y veillent avec tant d'amour, des Raphaëls pour ces autres Tobies. Il a levé une armée d'explorateurs, si je puis ainsi m'exprimer, pour aller à la découverte de ces terres inoccupées et vierges, et y planter dès l'abord, comme jadis Colomb sur les plages américaines, l'étendard du Saint Sauveur.

Mais cette armée doit être recrutée parmi des natures aguerries et fortement trempées. Elle doit asseoir son camp sur les confins même du siècle ; être exposée plus que bien d'autres à ses provocations, à ses outrages et surtout à ses séductions. Sa tactique sera le dévouement, la condescendance, et aux débuts une extrême pauvreté. Ne faut-il pas d'ailleurs qu'elle ait son âge héroïque ? Qu'elle débute en une sorte de compagnie primitive dont la ferveur portera à un bien haut degré et y maintiendra le plus longtemps possible l'âme de l'Institut ? Ne faut-il pas l'asseoir cet Institut sur des bases inébranlables, *lapidibus quadratis?* Ne faut-il pas y démêler d'abord la paille d'avec le froment? Ne faut-il pas, enfin, qu'il acquière sa place au soleil de l'Église par le tribut des larmes et au besoin par celui du sang : car depuis le Calvaire toute fondation est à ce prix? Voilà donc, Mes Frères, les vues sublimes de notre admirable patriarche, l'idéal qu'il a poursuivi, le but qu'il a atteint.

Il a reçu ses sujets des seules mains de la Providence ; il les a plongés dans le creuset de ses noviciats ; les y a épurés comme on épure un métal précieux : préceptes, conseils, maximes évangéliques, vous eûtes là votre triomphe : vertu, vous y avez atteint le plus su-

blime degré ! Quand nous voulons admirer les belles floraisons mo-
nastiques, nous allons sur les ailes de notre imagination les chercher
au-delà des mers, dans ces solitudes désolées de la Thébaïde, sous
la culture des Antoine et des Hilarion. Mes Frères, les floraisons de
la vie monastique se produisent encore au seuil des temps modernes.
Ce n'est plus la sollitude qui a fleuri comme le lis, selon l'expression
du Prophète ; c'est la riante campagne, c'est le faubourg malsain,
c'est la cité bruyante et affairée ; j'appelle en témoignage l'œuvre de
M. de Rancé et les noviciats de M. de La Salle. Et cette œuvre de
formation séraphique, il l'a poursuivie par la visite de ses maisons,
par ses lettres admirables où transpire un angélique et paternel dévouement, par ses retraites annuelles ouvertes et suivies au berceau
même de l'Institut.

O vous qui, selon les vues de Dieu, avez épuré son âme, en l'a-
breuvant tous les jours d'une nouvelle amertume, esprits inquiets et
envieux, blâmez en lui une excessive dureté, reprochez à sa main
d'être cruelle, de couper, de tailler avec trop de sévérité ; il oppose à
vos menées un silence héroïque ; il vous répond cependant dans le
secret de son cœur par les accents du séraphin d'Hippone : *Hic ure,
hic seca, modo in æternum parcas ;* c'est maintenant qu'il faut brûler,
c'est maintenant qu'il faut tailler pour assurer à l'œuvre l'immortalité.
Incriminez aussi « son implacable opiniâtreté ». O sublime obstiné,
que fût devenue votre œuvre : cette œuvre dont la condition
essentielle était d'être parfaitement déterminée et dans ses moyens
et dans son but ? Les exigences du dehors, les indiscrétions du clergé
des paroisses l'eussent détournée de sa fin et détruite peut-être dès
son début ; maintenant il n'en resterait pas pierre sur pierre ; on n'en
aurait plus aujourd'hui qu'un souvenir obscur et vain.

Mais pourquoi s'attarder à cette justification ? la figure de notre
Saint plane sereine et inaltérée au-dessus de ces attaques. Il est d'ailleurs une considération qui est la plus éloquente des apologies ; c'est
que notre Bienheureux a payé de sa personne et a marché le premier
dans la voie qu'il indiquait. Les Pharisiens de l'ancienne loi impo-
saient des fardeaux au peuple, mais eux, selon la piquante expression
du Maître, ne daignaient pas même les toucher du doigt. De La Salle,
lui, a porté le fardeau, il l'a soutenu avec vaillance. S'il a parmi les
siens exercé quelque oppression, c'est l'oppression de l'exemple, et
l'exemple est l'agent le plus efficace de la persuasion. Témoins de
son héroïsme, de cette prodigalité de lui-même, ses disciples en-
traient résolûment dans la voie de l'austérité, et des mœurs se for-
maient pures et séraphiques, et de ces mœurs sortit une règle, issue
de la volonté de tous ; admirable constitution qui régit ces enfants de
Dieu, code de liberté ou de royale servitude : *Servire Deo regnare est.*

III

Edifiés quelque peu sur sa condescendance héroïque et son angélique ferveur, il est temps maintenant de considérer la vie de notre bienheureux sous son dernier aspect, c'est-à-dire le progrès de son œuvre, la diffusion de ses enfants, et d'admirer encore dans ces autres événements la frappante analogie qu'ils présentent avec l'œuvre du Sauveur.

Quand Dieu veut produire une œuvre et la présenter au monde, comme l'effet direct de son intervention, que fait-il? Il organise le néant autour de son action. Sans doute, il lui faut des hommes, car la loi des causes secondes, qui relève la dignité humaine et favorise l'harmonie de la création, entre aussi dans le plan de sa providence surnaturelle, mais ces hommes ne seront en ses mains que les véhicules de sa vertu, les fragiles sacrements de sa toute-puissance. Ces hommes, ou si vous voulez cet homme, il le faut dépouillé de lui-même, conscient de la volonté de Dieu sur cette œuvre, absolument convaincu de la toute-puissance divine, et, si je puis ainsi parler, de sa toute faiblesse personnelle. Ainsi édifié, le docile instrument de Dieu suivra pas à pas la grâce; jamais il ne devancera l'action de Dieu, jamais non plus il ne voudra *la négliger*. Admirable harmonie du concours actif de Dieu et du concours passif de sa création! Accord sublime d'une volonté qui ordonne, exécute, et d'une volonté qui livre passage à l'action prédominante d'En-Haut! C'est en vain que les obstacles s'accumulent : des obstacles, il en faut : *oportet... esse*. En comprimant l'action divine, ils favorisent son triomphe et la font jaillir jusqu'aux suprêmes limites du beau. Le démon les suscite, un monde aveugle et misérable les fomente.... Cependant l'œuvre naît laborieusement, lentement, et lentement aussi elle triomphe, et chose admirable, elle triomphe en paraissant succomber pour jamais. Elle marque chacun de ses pas par un échec irrémédiable, elle subit de formidables fluctuations où elle semble devoir sombrer.... et pourtant, avec une mystérieuse obstination, elle se tient à la surface.

Et que fait au milieu de ces assauts le fragile exécuteur des volontés célestes? Il travaille calme et recueilli, l'œil toujours fixé sur *cette main qui le guide ;* il va paisible, intrépide, *laissant passer la colère*, négligeant le jeu des ressorts humains qui pourront appeler le succès; que dis-je? suspectant même tout triomphe précoce et s'alarmant du moindre signe de prospérité. Quand l'orage gronde bien fort, il se réfugie dans les bras de son Dieu qui l'appelle et qu'il retrouve toujours au tabernacle ou sur la croix. Je termine, M. F., une longue allusion aux débuts du christianisme, j'achève le commentaire de ce célèbre paradoxe : *Cùm infirmor, tunc potens sum*, je suis fort dans la faiblesse. Mais n'ai-je point fait en même temps l'exposé des phénomènes qui président aux origines de l'œuvre qui nous occupe ? Oui, — et ce trait de ressemblance lui concilie notre sympathie, — c'est là, dans des proportions plus réduites, l'histoire de ses débuts et le secret de son succès. Ce contraste frappant de faiblesse et de force, de désintéressement et de réussite, d'opprobres et de gloire finale fait l'intérêt puissant et surnaturel de cette vie.

C'est à Reims, nous l'avons vu, que M. de La Salle reçut le baptême de l'épreuve, mais c'est à Paris surtout que la contradiction se déclare et s'affirme. Depuis longtemps appelé, enfin reçu à bras ouverts par M. le Curé de S¹-Sulpice, bientôt, par l'effet d'une sourde manœuvre, il se voit déchu de sa confiance et sur le point de retourner à Reims. Voici donc les grandes tribulations qui apparaissent. Elles viendront une à une, comme ces coupes de l'Apocalypse, déverser sur cette existence le fiel le plus amer. Voici la rivalité des maîtres écrivains, la jalousie des mercenaires qui se fait jour par des assignations et des procès, par le pillage éhonté de sa maison et de ses meubles. Voici cette mystérieuse persécution qui lui vient de la part des justes, persécution la plus redoutable, au sens de sainte Thérèse. On lui reproche « son opiniâtreté », on incrimine « son obstination » : il se voit couper les vivres, les bourses les plus généreuses se ferment à sa main, puis elles se rouvrent encore pour se fermer de nouveau. L'autorité archidiocésaine, prévenue par les agissements de cet « ennemi » dont le nom demeure voilé sous les réticences de ses biographes, veut le séparer de ses disciples et lui signifie sa déchéance.... On le tient pour responsable des maladresses de ses enfants, de leur moindre faux pas, de leur zèle encore novice et qui n'est pas toujours selon la science. La trahison de quelques-uns des siens entre encore dans le concert. Enfin son œuvre, à Paris, semble de tout point compromise, elle m'apparaît comme cet arbre objet des visions de Daniel, dépouillé de ses branches, de ses feuilles et de ses fruits, n'étant plus qu'un tronc dénudé. Rassurez-vous pourtant, Mes Frères, sur la disposition de son âme, et veuillez, je vous prie, lui faire grâce de votre pitié. Si Dieu exige le sacrifice de son œuvre, eh bien ! comme cet Ordre célèbre un instant supprimé à la fin du dernier siècle, il croisera les bras, lui aussi, et il expirera !... Mais non, Dieu veut la vie de l'Institut et il ménage une issue à cette situation pénible dans la fondation de Darnétal, près Rouen, puis dans celle de S¹-Yon. Cependant l'œuvre se développe comme la postérité du patriarche Joseph : « *Filius accrescens Joseph* »; des maisons, comme autant de branches nouvelles, s'étendent autour de la capitale, dans le Nord et jusque dans notre Midi : « *Filiæ discurrerunt super muros* ». Mais on attaque violemment le fondateur : « Des archers l'ont percé de leurs flèches : *Inviderunt que illi habentes jacula* ». Poursuivi judiciairement par l'effet d'une calomnie perfide, il va se cacher en Provence, et là il demeure enseveli non pas tant aux yeux de la justice qu'à ceux de ses propres enfants ; non pas tant sous les terreurs du glaive temporel que sous les appréhensions de sa propre humilité ; savourant à loisir la joie de voir ses fils se gouverner eux-mêmes, réalisant à la faveur des événements ce rêve qui fut l'unique ambition de sa vie : résigner son rôle et prendre place au dernier rang. C'est en vain qu'il s'éloigne du Nord, la persécution le poursuit sous toutes les latitudes. Marseille (d'autres ont écrit Montpellier (1), mais rien n'indique que notre cité policée et savante, si

---

(1) Dans son *Histoire universelle de l'Église* (2ᵉ édit. et édit. Fèvre), l'abbé Rohrbacher écrit que M. de La Salle vint à Montpellier et y souffrit persécution de la part des Jansénistes.

On pense que l'assertion de l'éminent historien est l'effet d'une méprise.

Les *Annales de l'Institut*, rééditées en 1883 ; le chanoine Blin, dans sa *Vie de M. de La Salle* ; le P. de Maillefer, ne font aucune mention de Montpellier et racontent, sans l'ombre même d'une hésitation ou d'une réserve, qu'à Marseille M. de La Salle eut à souffrir des Jansénistes, qui ruinèrent son œuvre, après avoir, dans un élan d'enthousiasme factice, contribué beaucoup à l'édifier. Ces biographes donnent dans le plus grand détail, comme s'étant passés à Marseille, les mêmes faits que l'abbé Rohrbacher dit s'être passés à Montpellier.

Il est vrai que le P. Garreau, S. J., le meilleur, dit-on, des biographes du Bienheureux, se borne à indiquer par l'initiale M*** la ville du Midi où il eut à souffrir. Voici les deux indications marginales : « Accueil qu'on lui fit d'abord à M***. » — « Noviciat de M***. » — Nous n'avons pu connaître le motif de cette réserve, mais il est aisé, par la lecture du contexte, de pénétrer le mystère de cette réticence. Il est certain, d'après le P. Garreau, que cette ville de M*** est en Provence et qu'on pouvait s'y embarquer pour Civita-Vecchia. La ville de Marseille n'est-elle pas tout indiquée ? Quoi qu'il en soit, ce ne peut être Montpellier. Pourquoi l'abbé Rohrbacher, qui certainement n'a fait que résumer dans son travail l'ouvrage du P. Garreau, et qui lui emprunte même le style rapide de ses indications marginales, a-t-il cru devoir outrepasser la réserve de ce biographe ?....

On pense que le travail de l'abbé Rohrbacher sur le Fondateur des Frères des Écoles chrétiennes est une notice rapidement rédigée sur l'ouvrage du P. Garreau par un collaborateur subalterne et admise de confiance dans l'œuvre gigantesque du grand historien.

D'ailleurs, au début du récit sur lequel nous dissertons, l'historien s'exprime ainsi : « Il en est dédommagé en *Provence*, y faisant la visite de ses Frères..... » Le mot de *Provence* ne nous permet pas d'insister, la méprise est évidente.

J. M.

elle a pu tenter son zèle, ait eu l'avantage de le posséder dans ses murs , et surtout doive assumer à son égard , devant l'histoire, l'odieux d'une persécution). Marseille, dis-je, et son jansénisme ne lui sera guère plus clément que Rouen ou la capitale. Mais au milieu des croix si multipliées et si lourdes, Dieu ménage à son serviteur les joies du Thabor et le Thabor ici c'est St-Maximin, ce sont les solitudes embaumées de la grande Chartreuse, ce sont les fortifiantes révélations de Parménie. Enfin, obéissant aux sommations de ses disciples, il revient à Paris ; c'est là que Dieu l'appelle pour mettre la dernière main à son œuvre et la munir du viatique de ses constitutions. Maintenant il pourra se démettre, donner satisfaction à cette soif d'anéantissement qui le dévore, aller finir ses jours dans une humble cellule de St-Yon. Mais la disgrâce l'y poursuit encore, elle semble ne pouvoir se résoudre à abandonner sa victime, et bravant même cette obscurité, elle va le rechercher jusqu'entre les bras de la mort. Trois jours avant sa mort, un archidiacre de Rouen, prévenu contre sa personne, lui retire les pouvoirs spéciaux qui lui avaient été conférés. Ainsi donc, il meurt sur la croix, et par une de ces coïncidences qui semblent ménagées d'En Haut, il y meurt en ce grand jour que la croix a ennobli de son mystère, je veux dire, un vendredi saint.

La mort de notre Bienheureux n'est point la mort de son œuvre, elle semble bien au contraire en être la vivification. « *O mors undè mortui reviviscunt* ». Jusque là chancelant, l'Institut prend alors un développement magnifique. Il porte sa prospérité à travers le dix-huitième siècle. Eclipsé par l'orage révolutionnaire, il apparaît de nouveau sous la protection des pouvoirs publics.

Hélas ! aujourd'hui, Mes Chers Frères, l'horizon n'est plus serein. Des orages ont été formés par des mains savantes et perfides, d'autres se préparent, que dis-je ? ils éclatent déjà plus formidables et plus terribles : mais rassurez-vous, Dieu a fait lever son étoile tutélaire en inaugurant à ces heures mêmes la gloire liturgique de votre fondateur. Ne voyez-vous point dans cette auréole nouvelle comme un arc-en-ciel de protection et un gage de salut ? Allez, Messieurs, et qu'on puisse dire au milieu des tribulations accumulées : l'Institut est debout et travaille. Travaillez donc sans trop vous émouvoir, ô sympathiques ouvriers, poursuivez votre labeur obscur, mais nécessaire. N'êtes-vous point comme les racines dans le grand arbre de l'enseignement chrétien ? Donc, quelque modeste qu'elle soit, votre œuvre est grande et sympathique ; grande surtout depuis l'avènement à la vie publique des classes laborieuses dont vous êtes les bienfaiteurs, symphatique surtout depuis que chacun de vous peut s'écrier

comme ce moine-orateur de notre siècle : « *Je suis une liberté !* »
Jouissez donc, Messieurs, de cette gloire nouvelle. Jouissez en sous
la protection du clergé, sous la haute protection de notre premier
Pasteur. Sa voix, une des plus autorisées parmi celles de notre Epis-
copat, s'est fait entendre, vous le savez, en l'honneur de votre père.
C'est à Paris, à St-Sulpice, au sein de cette paroisse qui fut le plus
grand théâtre du zèle de de La Salle et aussi, faut-il le dire, le foyer
non moins fécond de ses douleurs, qu'il a reçu l'honneur envié de
prononcer son éloge. Mais là ne s'est pas moins borné son rôle de
panégyriste.

Après avoir fait écho à la grande voix du Vatican, après avoir été
l'organe de la France entière et comme l'interprète de *son âme* à
l'égard de ce bienfaiteur du pays, il a voulu le fêter encore dans les
limites plus restreintes de son diocèse et, selon le vers modifié du
poète, nous ménager à tous les joies de ce beau jour : « *Nobis hæc* gau-
dia fecit. » — Qu'il en soit remercié au nom de ses ouailles, au nom
des Frères de ce diocèse, au nom de ces pauvres enfants dont La
Salle est encore la providence ici-bas. Entendant, il n'y a qu'un instant leurs voix ingénues et harmonieuses, je me disais : Tandis que
le Christ passe et triomphe parmi nous, il est des pharisiens modernes qui voudraient tarir la louange et arrêter l'Hosanna sur les lèvres
de ces enfants. Mais ces enfants chanteront, sans cesse ils rediront
du Christ la gloire éternelle et divine; comme leurs prédécesseurs de
Sion, ils enverront à tous les échos l'*Hosanna au fils de David :* grâce
à la liberté, grâce à leurs maîtres chrétiens, grâce avant tout au bienheureux de La Salle, qui saura bien assurer à son œuvre et la persé-
vérance et l'immortalité. — Amen.